August 2006

„Offenheit heißt den Raum spüren,
indem alles geschieht, ohne zu wissen was kommen wird"
(Sylvia Wetzel)

Liebe Karin,
Deine Offenheit dem Leben gegenüber
wird Dir die Kraft geben, all Deinen Ängsten
liebevoll und achtsam zu begegnen und
umzuwandeln in Motivation!
Nichts ist einfach so vorhanden, sondern alles begegnet
uns als unfassbares Wunder, ... wenn wir unser Herz öffnen.

Ich wünsche Dir von ganzem Herzen eine
„Wunder"-schöne Reise,

Iris

Dieter Glogowski

NEPAL

Wo Shiva auf Buddha trifft

BRUCKMANN

»Als Mensch geboren zu sein ist ein seltenes Geschick,
und wir sollten diese kostbare Gelegenheit so weise, geschickt und heilsam wie möglich nutzen.«
Der 14. Dalai Lama

© Gecko Maps, A. Rohweder, Schweiz
www.geckomaps.com
TIBET
NEPAL
Mustang
Mustang Himal
Lo Mantang (Mustang)
Mustang Conservation Area
Muktinath
Jomosom
Kali Gandaki
Dhaulagiri I
8167
Dhaulagiri Himal
Annapurna 1
8091
Annapurna 3
Annapurna Dakshin (South)
Annapurna Himal
Annapurna Conservation Area
Machhapuchhare
6993
Manang
Pisang Peak
Tilicho Tsho
Damodar Himal
Ratna Chuli
Himlung Himal
Kang Guru
Manaslu
8163
Manaslu Himal
Ngadi Chuli
Himal Chuli
Larkya Himal
Kutang Himal
Ganesh Himal
Ganesh 1 (Yangra)
Langtang Himal
Langtang National Park
Shisha Pangma
Gang Benchhen
Pokhara
Beni
Baglung
Kusma
Naudanda
Syangja
Lekhnath
Begnas Tal
Bensisahar
Khudi Bazar
Gorkha
Dumre
Damauli
Bandipur
Manakamana
Mugling
Narayangadh
Bharatpur
Dhading
Trishuli Bazar
Devighat
Dhunche
Syabrubesi
Gosainkund
Shivapuri
Budhanilkantha
KATHMANDU
Bhaktapur
Patan
Kirtipur
Thankot
Banepa
Dhulikhel
Chautara
Barhabise
Panchkhal
Nagarkot
Sankhu
Arniko Highway
Friendship Bridge
KATHMANDU
Gongabu
Balaju
Ichangu
Sitapaila
Thamel
Swayambhunath
Bauddha/Bodhnath
Pashupatinath
Gokarna
Changunarayan
Tribhuvan Airport
Mulpani
Duwakot
Gothatar
Bodegaun
Thimi
Bhaktapur
Kirtipur
Patan
Panga
Chovar
Saibu
Imadol
Katunje
Suryabinayak
Himalaya
NEPAL
TIBET
INDIEN
Lo Mantang
Mustang
Muktinath
Kali Gandaki
Dhaulagiri 8156
Annapurna 8091
Shishapangma 8012
Pokhara
Kathmandu
Lalung La 5050
Zhangmu
Mt.Everest 8850
Kangchenjunga 8585
Nepalganj
Butwal
Lumbini
Narayangadh
Hetauda
Lucknow
Kanpur
Faizabad
Gorakhpur
Motihari
Janakpur
Darjeeling
Dhalkebar
Bareilly
Rampur
Tanakpur
Ganga
Yarlung Tsangpo
Palku Tso
Kyakyaru (Saga)
Sangsang
Lhatse
Tingri
Baryang
Purang
Gurla Mandhata 7728
Saipal 7040
Simikot
Nanda Devi 7816

Inhalt

Vorwort: Die Seele Nepals 6
Nangpa – der Weg der Seele 18
Nepal – vom Dschungel ins ewige Eis 22
Die Gesichter Nepals 28
Das Kathmandu-Tal – Bausteine der Kunst 34
Hinduismus – viele Götter, eine Wirklichkeit 46
Buddhismus – Weisheit und Mitgefühl 54
Janakpur – fremdes indisches Nepal 64
Pashupatinath – Heimat der Sadhus und Asketen 72
Kali Gandaki – Pilgerreise durch die tiefste Schlucht der Welt 94
Muktinath – wo Shiva auf Buddha trifft 108
Begegnungen – im Land der Lopas 116
Lo Mantang – Ebene der Sehnsucht 130
Wenn der Eisenvogel fliegt 143
Impressum 144

Vorwort: Die Seele Nepals

In Nepals Hauptstadt Kathmandu steht ein kleiner Mahakala-Tempel, abseits der üblichen Touristenrouten zu den »bedeutenden« Sehenswürdigkeiten. Tibetische Händler drängen gemeinsam mit indischen Sadhus in das winzige Heiligtum, um Rum, Whisky und anderes Hochprozentiges als Opfergabe in den weit aufgerissenen Rachen der Gottheit zu gießen. In diesem bescheidenen Schrein offenbart sich auf völlig selbstverständliche Art die »Seele Nepals« – das friedliche und tolerante Mit- und Nebeneinander verschiedener Religionen und ethnischer Gruppen, das gemeinsame Teilhaben an einer allen äußerlichen Differenzen übergeordneten Geistigkeit. Dies ist selten geworden in den letzten Jahren auf unserem Planeten Erde.

Hierzulande ist das Königreich Nepal vor allem bekannt für seine atemberaubenden Hochgebirgslandschaften und seine einmaligen Architektur- und Kunstschätze, neuerdings leider auch durch Nachrichten über politische Instabilität und die Revolte der »Maoisten«. Bergsteiger, Trekker und Kulturreisende aus aller Welt haben aus dem bis weit ins 20. Jahrhundert hinein völlig von der Außenwelt abgeschotteten bettelarmen Himalayaland ein internationales Tourismuszentrum gemacht – mit allen Vor- und Nachteilen, die der moderne Massentourismus mit sich bringt. Doch dass hinter der malerischen Kulisse der schneebedeckten Achttausender, der Tempel und Pagoden, der Märkte und Geschäftsstraßen das Erbe einer jahrtausendealten äußerst vielfältigen spirituellen Kultur bis heute lebendig ist, bleibt so manchem Pauschalreisenden verborgen.

Dieter Glogowski spart die populären Seiten Nepals in vorliegendem Buch natürlich nicht aus, doch er schürft tiefer nach der Seele, nach den Wurzeln dieser einzigartigen Kultur. Und er findet sie in den Heiligtümern und Wallfahrtsstätten der Hindus und Buddhisten, in den Klöstern der Tibeter und in abgelegenen Gebirgsregionen, zu denen Yogis und Sadhus pilgern. Er nähert sich diesen Orten nicht nur mit der Neugierde des westlichen Fotojournalisten, sondern mit gebotenem Respekt und tiefem Verständnis für die Geistigkeit dieser magischen Plätze. Er lässt sich ein auf den Rhythmus der Pilger und Mönche, wandert zusammen mit Sadhus, teilt mit ihnen die Mühen und Höhepunkte der Pilgerschaft, begleitet sie bei ihren Gebeten und Ritualen. Nur so lässt sich ein Blick tun hinter die Kulissen einer oft rätselhaften Welt, nur so läßt sich ein authentisches Bild des geistigen Lebens Nepals zeichnen. Für Dieter Glogowski hat solch intensive Einführung in die »Seele« eines Landes Tradition. Dreizehnmal umwanderte er beispielsweise den heiligsten Berg Tibets, den Kailash, um als einer der wenigen ausländischen Besucher die innere Kora, das »Zentrum des Mandala« betreten zu dürfen. Und das Leben der Mönche im Kloster Lingshed in Zanskar dokumentierte er nicht nur in faszinierenden Fotos, sondern er engagiert sich tatkräftig für den Erhalt dieses geistigen Zentrums mitten in der kargen Einsamkeit eines weit abgelegenen Himalaya-Hochtales. Dieser »Blick von innen« zeichnet auch die Fotos des vorliegenden Bandes aus. Sie gewähren dem Betrachter tiefere Einsicht in die »Seele« Nepals. Die Fotografien majestätischer Schneeberge, smaragdgrün schimmernder Reisterrassen oder mit Tausenden Butterlampen beleuchteter Stupas sind nicht bloß Abbild faszinierender Landschaften und Architekturen, sondern spiegeln die religiösen Gedanken und Gefühle der Menschen, die dieses wunderschöne Land bewohnen. Auch diese Menschen porträtiert Dieter Glogowski in seinem Buch – Heilige, Bauern, Mönche, Kinder, Lastenträger. Und auch in diesen Gesichtern wird die Seele Nepals in ihren zahllosen Facetten lebendig. Glück, innere Zufriedenheit und das Ruhen in spiritueller Gewissheit strahlt aus vielen dieser Gesichter, Eigenschaften, die in unseren reichen Industrienationen eher gesucht als gefunden und im täglichen Leben verwirklicht werden. Können wir vielleicht etwas lernen von der »Seele« eines der ärmsten Länder der Erde?

(Franz Binder)

»O Pilger dieser seltsamen Erde: Erwache aus deinem Schlaf des Unwissens und tauche unter im Ozean der Verzückung! Dann wirst du im Paradies der Glückseligkeit landen und niemals mehr hungern, dürsten und frieren oder einsam und verlassen sein!« *Swarupananda*

Buddhas am Ost-Eingang zum Swayambunath-Stupa, Kathmandu

Hindu-Schrein am Mrigasthali-Hain, Pashupatinath, Kathmandu

Erste Sakyapa-Chörten im Kali-Gandaki-Tal bei Syang

Kali-Gandaki-Tal zwischen Nilgiri (7061 m) und Dhaulagiri (8167 m)

Sadhu vor der Überquerung des Thorong-La-Passes (5416 m)

Nangpa – der Weg der Seele

Was nützt es uns, zum Mond reisen zu können, wenn es uns nicht gelingt, den Abgrund zu überwinden, der uns von uns selbst trennt? Dies ist die wichtigste aller Entdeckungsreisen; ohne sie sind alle anderen nicht nur nutzlos, sondern zerstörerisch: Diese Worte von Thomas Merton waren mir eine Warnung und begleiteten mich auf allen meinen Reisen. Jahr für Jahr entwickelte ich eine immer wachsamere Form der Begegnung, die ich kontemplatives Reisen nennen möchte. Dabei geht es im Wortsinn um »schauende Versenktheit«, und um ein »beschauliches Nachdenken«. Die Begegnungen mit den Menschen der Himalaya-Regionen rückten in den Vordergrund meiner Reportagen.

In diesem Zusammenhang erinnere ich mich noch gut an meine Frankfurter Kindheit, als ich nach dem Schulunterricht gern die stillen Räumlichkeiten des Kapuzinerklosters aufsuchte, um dem Lärm der Stadt zu entfliehen. Hier fand ich Ruhe und Geborgenheit, die Oase meiner Seele: Mönche in schlichten Kutten, geflüsterte Gebete, tanzende Schatten im Schein der Kerzen, sakrale Schlichtheit.

Als Kind schon stellte sich mir die Frage nach dem Sein. Beim Betrachten des Geschichtsatlasses meines Vaters fiel mein Blick immer wieder auf die Gesichter schicksalsbeladener Menschen. Da standen Juden nackt und in Reihen vor ihren Peinigern, auf den Genickschuss wartend, rannten weinende, vietnamesische Kinder im Napalmfeuer um ihr Leben, lynchten hysterische Menschenmassen einen Passanten. Ich war bewegt, suchte eine Antwort nach dem Wieso und Warum, und existenzielle Fragen drangen immer tiefer in meine Seele.

Doch es gab auch andere Bilder: Albert Schweitzer, Martin Luther King und Mutter Theresa. Als Achtjähriger wusste ich noch nichts von Bodhicitta, der Mitgefühlslehre der Tibeter, und die Namen Avalokiteshvara oder Dalai Lama waren mir wie den meisten Menschen Europas unbekannt.

Aber schon meine evangelisch-methodistisch geprägte Erziehung hatte so manche festgefahrene Form der Amtskirchen in Frage gestellt: Methodisten zahlen keine Kirchensteuer, sie geben von Herzen und nicht aus Zwang, haben keine pompösen Kirchenhäuser, und ihre Pastoren erlernen oft einen Zweitberuf zur Unterstützung ihrer Unabhängigkeit.

Mir wurde damals meine eigene Verantwortung bewusst, der erste Schritt war getan.

Was mein Herz berührt

Zwanzig Jahre später, in der kleinen Gompa von Braga an der Nordflanke des Annapurna im Westen Nepals, sah ich dann zum ersten Mal im spärlichen Licht einer Butterlampe das Gesicht einer Statue Avalokiteshvaras, des Buddhas des Mitgefühls. Ein alter, sonnengegerbter Tibeter sprach im rauen Dialekt der Kampas auf mich ein. Ich verstand nur Chenrezig – so

Oben: Vishnu-Sadhu in Kathmandu.

wird Avalokiteshvara von den Tibetern genannt; seine Emanation ist die Linie des Dalai Lama. Aber die glänzenden, wachen Augen des alten Mannes gaben mir das Vertrauen, der richtigen Spur zu folgen.

»Nangpa, nangpa«, sagte er immer wieder und berührte mit seiner Hand mein Herz. Erst zehn Jahre später sollte ich erfahren, was er damit meinte. Da hatte mich der tibetische Buddhismus längst in seinen Bann gezogen.

Intensive Reisen in die Himalayaregion folgten, ließen mich Freundschaften knüpfen, und schließlich fand ich immer mehr Antworten auf meine Fragen. Leicht waren Buddhas Worte zu verstehen, unsagbar schwer sind sie umzusetzen. Den Tibetern geht es damit nicht anders, und sie haben sich ein paar Tricks einfallen lassen, die sie »geschickte Mittel« nennen.

Es war in Zanskar, während meines Aufenthalts im Kloster Lingshed, Morgenpuja, im Dokhang: Mönche in roten Roben, gemurmelte Mantras, tanzende Schatten im Schein der Butterlampen, sakrale Heiterkeit.

»Wozu dienen die sieben Wasserschalen auf dem Schrein?«, fragte ich Lama Zewang.

Mein Freund lächelte mich an und sagte: »Das ist eine Achtsamkeitsübung, einfach und leicht.«

»Erkläre sie mir«, hakte ich nach.

»Nun«, antwortete er, »du füllst die Schalen jeden Morgen mit Wasser und schüttest sie jeden Abend vor dem Schlafengehen wieder aus. Eine Art Meditation – der Weg zur Achtsamkeit.«

»Das klingt einfach«, gab ich ihm zurück. Lama Zewang schmunzelte und schwieg. Wochen später nahm ich Abschied vom Kloster Lingshed, seinen Mönchen und Novizen. Zewang begleitete mich noch bis zur Passhöhe, drückte seine Stirn gegen meine und legte mir sieben kleine Messingschalen in die Hand.

Einfach?

Nach meiner Ankunft in Deutschland fanden die Schalen ihren Platz in meiner Meditationsecke. Der Alltag stürzte auf mich ein, Telefonate, Faxe. Termine drängten sich in meinem Timer.

Nach 14 Tagen füllte ich zum ersten Mal meine Wasserschalen.

Einfach? Ich musste lachen und erinnerte mich an die Worte von Dilgo Khyentse Rinpoche: »Arbeit ist die Faulheit des Westens.« Oh, ihr Tibeter, wie weise und geschickt ihr seid.

Die Natur des Geistes

Zum ersten Mal begegnete ich Sogyal Rinpoche, einem großen spirituellen Meister der tibetischen Nyingma-Schule, im Jahr 1993: »Wenn sehr viel mehr Menschen die Natur ihres Geistes kennen würden«, sagte er, »wäre ihnen auch die wunderbare Natur der Welt bewusst, in der sie leben, und sie würden mutig und bestimmt für ihren Schutz eintreten.«

Nangpa ist der tibetische Ausdruck für Buddhist und meint jemanden mit Einsicht, der auch zur Innenschau fähig ist und die Wahrheit nicht außen sucht, sondern in sich, in der Natur des Geistes. Alle Lehren und Übungen des Buddhismus zielen auf diesen einen Punkt: die Natur des Geistes zu blicken und dadurch die Angst vor dem Tod zu überwinden und die Wahrheit des Lebens zu entdecken.

Ein weiterer Mosaikstein des Lebens hatte in meinem Bewusstsein seinen Platz gefunden, und seitdem kehrte ich immer wieder nach Nepal zurück, in das Geburtsland von Buddha Shakyamuni mit seinem ethnischen Konglomerat von Hinduismus und Buddhismus.

Alltag und Religion

»Gautama Buddha war ein Hindu«, schrieb Swarupananda, »und der Buddhismus ein Zweig des großen Baumes Hinduismus. Buddha kam, um den Hinduismus zu reformieren und zu reinigen. Er war kein Religionsstifter, sondern ein Reformer«: Kein Wunder, dass das Hindu-Heiligtum Pashupatinath und die große tibetische Stupa im Tal von Kathmandu so nah beieinander liegen. Begegnen wir im Shiva-Hain von Pashupatinath dem puren Hinduismus, so treffen wir einen Steinwurf entfernt in Bodnath auf über dreißig Klosteranlagen tibetischer Mönche. Tausende von kleinen hinduistischen Tempeln und Schreinanlagen säumen die Straßen im Kathmandu-Tal, der Alltag der Menschen ist geprägt vom Pantheon beider Religionen. Nirgends auf der Welt kann man deutlicher die Verbindung von Hinduismus und Buddhismus spüren als hier in Nepal: wo Shiva auf Buddha trifft.

Die fünf Elemente

Mit diesem Buch möchte ich Sie auf eine kontemplative Reise einladen, nah an den Menschen von

Nepal und an ihren Glaubenswelten, die ich mit drei nepalischen Sadhus erleben durfte. Gemeinsam pilgerten wir in vier Wochen vom Dschungel Nepals ins 4000 Meter hoch gelegene Muktinath an der Grenze des Sakyapa-Königreichs Lo Mantang. Der Weg führte uns entlang eines der ältesten Karawanenwege Nepals, an den Ufern des Kali-Gandaki-Flusses durch das tiefste Tal der Welt zwischen den Achttausendern Annapurna und Dhaulagiri.

Muktinath ist eines der wichtigsten Pilgerziele für Hinduisten und Buddhisten. Der Grund hierfür liegt in einer brennenden Wasserquelle, die alle fünf Elemente an einem Ort vereint: Wasser, Feuer, Erde, Luft und – Äther, der schon von Aristoteles eingeführte »himmlische Urstoff«: Ja, hier im Regenschatten des Annapurna-Messias trifft wahrhaftig Shiva auf Buddha.

Ich widme dieses Buch den drei nepalischen Sadhus Muni-Baba, Mahabir-Baba und dem 82 Jahre alten Hanuman-Baba, die mich auf meinem Weg nach Muktinath begleitet haben. In vier Jahren Fotografie mit ihnen entstand eine tiefe Offenheit und Nähe. Auch sie haben mir Raum und Antworten gegeben auf meine Fragen. Mit ihnen habe ich ungezählte Nächte am Lagerfeuer in den Bergen Nepals verbracht, wir teilten Freud und Leid miteinander, lachten und meditierten. Es entstand eine große Ehrfurcht und ein großer Respekt vor ihrem inneren und äußeren Weg. Meine Reise endete schließlich an den Quellen des Kali Gandaki im geheimnisvollen Königreich Lo Mantang.

Dieser Weg hat den Kreislauf meiner Wanderjahre geschlossen, meine kindlichen Fragen beantwortet. Oder um es mit den Worten von Mahatma Gandhi zu sagen: »Nachdem ich die wichtigsten Religionen, so weit es mir möglich war, studiert hatte, kam mir der Gedanke, es müsse einen Hauptschlüssel geben, der die allen Religionen zugrunde liegende Einheit erschließen könnte, sofern es sinnvoll und notwendig ist, eine Gemeinsamkeit zu entdecken. Dieser Schlüssel ist Wahrheit und Gewaltlosigkeit.«

Dieter Glogowski

»Mehr als jede andere Tugend betont der Buddhismus Uneigennützigkeit, die in Liebe und heilender Hinwendung Ausdruck findet.« *14. Dalai Lama*

Nepal - vom Dschungel ins ewige Eis

Nepal ist ein relativ kleines Land: 800 Kilometer lang und 200 Kilometer breit. Es steigt von den Niederungen der Gangesebene, dem Terai, stufenförmig an bis hinauf zu den eisbedeckten Achttausendern des Himalayas, der dann stark abfällt auf das 4500 Meter hohe tibetische Hochplateau zum Transhimalaya hin. Südlich von der Hauptkette durchziehen weitere gewaltige Gebirge das Land von Osten nach Westen: Das sind einmal die bis zu 1800 Meter hohen Churia-Ghati-Ketten, die den Terai nach Norden hin begrenzen, und zum anderen weiter nördlich davon die bis zu 3000 Meter hohen Mahabharat-Lekh-Ketten, die dem Mittelland Nepals, einschließlich des Tals von Kathmandu, einen natürlichen Schutzwall bieten.

Die größten Flüsse Nepals – Karnali im Westen, Gandaki in der Mitte und Sun-Kosi im Osten – entspringen erstaunlicherweise im Transhimalaya. Im Verlauf von geologischen Zeitaltern schob sich der indische Subkontinent mehr und mehr unter den eurasischen Sockel und türmte das höchste Gebirge der Erde auf. Auf ihrem Weg von Norden nach Süden formten die drei großen Flüsse immer tiefere Schluchten. Am eindrucksvollsten ist die des Kali Gandaki in Zentralnepal zwischen Dhaulagiri und Annapurna: Mit einer Tiefe von mehr als 6000 Metern gilt dies als die tiefste Schlucht der Erde. Weiter im Süden treffen die Flüsse auf ein neues Hindernis, die Mahabharat-Kette. Ihr folgen sie ein Stück weit, bevor sie auch dort große Schluchten und Täler in die Gangesebene graben.

Dass in der Kali-Gandaki-Schlucht und anderswo Ammoniten – Versteinerungen urzeitlicher Meerestiere – zu finden sind, verweist auf Tethys, das Urmeer, das sich vor der Auffaltung des Himalayas vom Mittelmeerraum bis nach Hinterindien erstreckte. Seine Sedimentschichten sind es, aus denen sich der Himalaya aufgetürmt hat.

Zu diesen geografischen Gegebenheiten kommen die Auswirkungen des Monsuns, der in den Monaten Juni bis September vom Indischen Ozean im Südwesten her feuchte Luftmassen bringt, die sich an den südlichen Gebirgshängen abregnen, während weite Gebiete im Regenschatten großer Massive kaum etwas davon abbekommen. Der Monsun macht den Terai zur tropischen Zone mit viel Regen und entsprechend üppiger Flora und Fauna. Eine subtropische Zone, die bis auf etwa 2000 Meter Höhe reicht, schließt sich an. Sie geht allmählich über in den subalpinen und in den alpinen Bereich sowie schließlich in den ewigen Schnee. Große Höhenunterschiede und verschiedenste Klimazonen auf engem Raum machen Nepal zu einem Land der Extreme.

Oben: Kraft und Ausdauer verlangt es von Mensch und Tier beim Pflügen der Terrassenfelder.
Rechte Seite: Bis zu drei Ernten im Jahr sind der durchschnittliche Ertrag.

Während des Monsuns herrschen im Juli im Terai tropische Verhältnisse: ideal zum Schnitt des jungen Elefantengrases und zum Bepflanzen der Reisfelder. Temperaturen von über 40 Grad Celsius und jährliche Niederschlagsmengen von 11 000 Millimeter pro Quadratmeter sind keine Seltenheit.

Nepal umfasst fünf Vegetationszonen. Der Terai ist Nepals fruchtbarste Region. Im Durchschreiten der subtropischen, gemäßigten und subalpinen Zonen erlebt der Betrachter nicht nur eine reduziertere Landwirtschaft, sondern er betritt auch den Einflussbereich des tibetischen Buddhismus.

Die alpine Zone Nepals, der Himalaya, ist der Sitz der Götter. Kein Land der Erde beherbergt so viele Achttausender-Bergriesen. Zwischen dem Annapurnagipfel (8091m) und der erhabenen Pyramide des Dhaulagiri (8167 m) schnitt der Kali Gandaki die tiefste Schlucht der Welt in die Erde.

Die Gesichter Nepals

Hupende Autos, heilige Kühe und klingelnde Rikschafahrer bahnen sich ihren Weg durch die Menschenmassen. »Namaste!« Eine Frau mit mongolischen Gesichtszügen grüßt, bevor sie ihr Gespräch mit einem Nepalesen fortsetzt. Nepalese? Dieser Begriff ist genauso vage wie die Aussage: »Ich gehe nach Nepal.« Denn so vielfältig die Naturgestalt des Landes ist, so viele unterschiedliche Völker hat das Königreich aufzuweisen.

Ursprünglich meinte der Name Nepal, nach dem das Volk der Newar benannt ist, nur das Kathmandu-Tal. Im Gegensatz etwa zu den Chetri, Magar oder Gurung bilden die Newar keine ethnisch homogene Gruppe. Stattdessen spricht man von ihnen als einer nationalen Einheit. Zugleich sind sie schon seit dem 13. Jahrhundert die Kulturträger Nepals, gelten als Begründer der städtischen Tradition und sprechen eine eigene, tibetisch-burmesische Sprache. Ihre Geschicklichkeit in Handwerk und Architektur lässt sich in Bhaktapur, Patan und Kathmandu bewundern. In diesen ehemaligen Malla-Residenzen findet die ethnische Vielfalt ihren Höhepunkt: Indoarische Volksgruppen aus dem Süden vermischten sich jahrhundertelang mit den mongolischen Völkern des Nordens. Hinduistische Reisbauern aus Siedlungen des Unterlandes trieben Handel mit buddhistischen Hirten und Gerste-Bauern der Hochebenen.

Die Sozialstruktur der Newar liefert das beste Beispiel einer Synthese aus so ungleichen Lebensformen. Klare Unterschiede in den religiösen Strömungen wurden verwischt, und dabei entstand ein Kastensystem, dessen Hierarchie Hinduisten wie Buddhisten gleichermaßen umfasst. Erstere findet man überwiegend im Terai, dessen größte Gruppe die Tharu ausmachen.

Zu all den ansässigen Völkern – darunter die Dhimal, Kumal, Meche und Danuwar – gesellen sich zunehmend Inder aus der angrenzenden Ganges-Ebene. Eine Hauptzone des Vielvölkerstaates Nepal bildet die Region der Himalaya-Vorberge bis zur regenarmen tibetischen Hochebene. Entlang des Kali Gandaki finden sich zunehmend tibetisch-buddhistische Kulturen.

Welches lachende Gesicht wird uns nach der nächsten Flussbiegung noch begegnen: ein Thakali mit schmalen Mandelaugen oder ein Bhodpo im Schafswollmantel und roten Beinkleidern?

Traditionell werden alle Himalayabewohner als Bhote bezeichnet, so auch die Dolpo, Sherpa und Lopa. Und so faszinierend etwa das Bergpanorama von Dhaulagiri oder Annapurna auch sein mag: Inmitten all der natürlichen Schönheiten und der kulturellen Vielfalt dieses Landes sind es die Menschen, die Nepal so liebenswert machen.

Oben: hinduistischer Tharu-Pilger.
Rechte Seite: Chetri-Mädchen bei Pokhara.

Facettenreicher kann die ethnologische Vielfalt in Nepal nicht sein. Über zwanzig verschiedene Volksgruppen siedeln entlang der Ufer des Kali-Gandaki-Flusses. Mangarfrauen (links) bewirtschaften die Felder um Baglung, Lopa- und Bhotia-Frauen (Mitte/rechts) teilen sich die Felder von »upper Mustang«.

Das nördliche Kali-Gandaki-Tal ist geprägt vom Volk der Thakali (links). Sie kontrollierten wesentlich den Salzhandel mit Tibet. In ihren Karawansereien trafen sich Tibeter (Mitte) und Dolpa (rechts) aus dem schwer zugänglichen westlich gelegenen Dolpo.

Im ethnologischen Makrokosmos: ein Tamang-Träger und eine Sherpa-Frau.

Über 20 000 Tibeter haben nach der Annexion Tibets durch China Zuflucht in Nepal gefunden. Allein im Kathmandu-Tal entstanden über 70 Klosteranlagen.

»Die wunderbare Stadt breitet sich mit ihren bunten Tempeln und zierlichen Backsteingebäuden, in voller Blütenpracht, vor unseren erstaunten Blicken aus. Die Verschwendung von Holzschnitzwerk an den Fensterrosetten, Säulen, Tragbalken und Dachdecken erweckt das Gefühl, als ob man um ein Jahrtausend zurückversetzt sei.«

A. Hoffmeister, Arzt des Prinzen Waldemar von Preußen, 1847

Das Kathmandu-Tal Bausteine der Kunst

Alte Ziegelsteinhäuser und graue Betonklötze, rote Chilis und Coca-Cola – eine mittelalterlich anmutende Stadt mitten im zwanzigsten Jahrhundert: Über 500 000 Einwohner leben in den Straßen von Kathmandu, eine weitgehend unkontrolliert expandierende moderne Metropole. Wir tauchen ein in das Farbenmeer von Tempeln, Skulpturen und Malereien. Gläubige versammeln sich zum Gebet. Über den weißen Kuppeln der Stupas von Bodnath und Swayambunath leuchten die alles überblickenden Augen Buddhas.

Kathmandu

Das große Handels- und Kommunikationszentrum Kathmandu ist für viele der Inbegriff Nepals. Nirgendwo sonst gibt es so viele Kulturdenkmäler – in den umliegenden Bergdörfern ebenso wie mitten im Verkehrsgewimmel der Hauptstadt. Kulturelles und künstlerisches Erbe kennzeichnen ein tief religiöses, traditionsbewusstes Volk. Holzschnitzereien, Metall- und Stoffarbeiten gehören heute zu den wichtigsten Einnahmequellen.

Der Legende nach war das Kathmandu-Tal einst ein von Bergen und Wäldern umringter großer See, auf dessen Grund magische Schlangen lebten. Als der erste Buddha, Vipaswi, auf einer Pilgerfahrt hierher kam, warf er einen Lotussamen in den See und sagte voraus, dass an dieser Stelle eines Tages eine heilige Stätte entstehen würde. Viele tausende Jahre später sprang der Samen auf, die Erde bebte, und auf dem See wuchs ein tausendblütiger Lotus mit Pollen aus Juwelen und wagenradgroßen goldenen Blättern. In der Mitte der Pflanze aber erschien das Licht Swayambhu, das Selbstgeborene. Der Buddha Manjushri wollte diese heilige Stätte für Pilger zugänglich machen und suchte nach der schmalsten Stelle zwischen den umliegenden Bergen. Dort hieb er mit seinem Schwert des Wissens hinein und schuf so die Schlucht von Chobar. Der See entleerte sich, und die Schlangen entwichen mit dem abfließenden Wasser. Doch Manjushri überredete den König der Schlangen, Kartotaka, hier zu bleiben und über die Fruchtbarkeit des Tals und sein geheimnisvolles Licht zu wachen. Tatsächlich leuchtete es noch Jahrhunderte lang, bis ein buddhistischer Priester es vor dem nahenden sündigen Zeitalter zu schützen versuchte: Er versteckte das magische Licht in einem Loch, verdeckte es mit einem Edelstein und errichtete darüber den Swayambhu-Stupa mit einer goldenen Spitze, der zu den bedeutendsten Heiligtümern Nepals gehört. Heute verteilen sich im Tal von Kathmandu mehr als 60 Orte und Dörfer. Wunderbare architektonische Bauwerke mit fein geschnitzter Ornamentik zeugen von der hoch entwickelten Kultur der Newar. Lalitpur, »die schöne Stadt«, wie sie von Einheimischen genannt wird, bildet mit ihren zahlreichen Heiligtümern die Wiege der Kunst. Schmale Gassen bergen immer neue Sehenswürdigkeiten: etwa den Tempel der tausend Buddhas, Maha Baudha, zweistöckige buddhistische Newarklöster oder gemütliche Geschäfte mit althergebrachten Verkaufsgegenständen. Letztere finden sich auch in Bhaktapur, das der Legende nach im neunten Jahrhundert von König Ananda Malla gegründet wurde. Mit rund 150 000 Einwohnern ist dieses mittelalterliche Juwel zugleich ein Schaufenster autarken Stadtlebens: Töpferscheiben drehen sich zwischen tausenden in der Sonne trocknenden Krügen. Handwerker verschönern ihre Häuser mit Terrakottasteinen. Frauen eilen zum Markt, verkaufen frisches Obst, Gemüse, Reis und Hühner. Feuerrote Chilischoten bilden einen Teppich zu den ungezählten Tempelstätten. Etwa 23 Millionen Menschen leben in Nepal. Hirse gehört zu ihrer täglichen Nahrung; mit seinem fruchtbaren Schwemmboden ist das Kathmandu-Tal gut geeignet für den Anbau dieses Grundnahrungsmittels. Für die geistige Nahrung sind die Götter zuständig: In ihrer Gegenwart verbinden sich die Tempeldächer des Tals mit den weißen Bergriesen zu einer bezaubernden Silhouette.

Rechte Seite: Westlich von Kathmandu erstrahlt golden der Stupa von Swayambunath, ein Konglomerat religiöser Monumente der Sakya-Newar und des tibetischen Buddhismus.

Eine Treppe führt in den tiefen Badebrunnen Mangal Hiti. Als Zentrum einer früheren Stadt dient er heute als Wasserspender der Einwohner von Patan.

Linke Seite: Heftiges Flattern und lautes Gurren vor dem Krishna-Mandir- und Vishveshvara-Tempel. Die Tauben Patans genießen den Respekt der Menschen.

Weit über die Grenzen Nepals hinaus war die Holzschnitzkunst der Newar bekannt.

Rechte Seite: Leuchtend rote Chiliteppiche trocknen in der Sonne und verleihen Bhaktapur seinen ganz besonderen Charme.

Bis tief in die Nacht rast er durch die Gassen Thamels, bis ihm 360 Frauen ihre Opferschalen gereicht haben. Als Dank erhalten sie Glück und Wohlstand.

Kein Tag ohne ein Fest im Tal von Kathmandu: Einmal im Jahr wird die 84. Reinkarnation des Sakya-Newar-Buddhas, Chakun Dheva, aus ihrem Tempel geholt.

YUANHANG

Holi-Fest in Kathmandu – wenn rote Farbe fliegt und Wasser spritzt!
Der Sage nach tötete Krishna die Dämonin Holika und verbrannte sie.

Linke Seite: So feiern die Hindus im Frühjahr das Holi-Fest in wilden Wasser- und Farbpulverschlachten. Frauen opfern dem Hirtengott Lord Krishna Glücksbänder.

»Oh, ihr Pilger des Alltags! Verliert euch nicht in dem seichten Wasser der Materie! Stoffliches erzeugt Reibung und Hitze! Erhebt eure Gedanken über die Erde!«

Swarupananda

Hinduismus – viele Götter, eine Wirklichkeit

Die ersten Öllampen verwandeln die morgendliche Finsternis in ein schemenhaftes Grau. Frauen in bunten Saris eilen an uns vorbei zur Morgenpuja. Sie sind auf dem Weg, ihre Götter zu ehren. In den Händen halten sie reich verzierte Opferschalen zur Darbietung von bunten Blumen, Obst und Reis. Die Frauen baden ihre Gottheiten in Licht und Wasser, nähren und schmücken sie: Shiva, die Verkörperung von Zerstörung und Erneuerung, Ganesha, den Gott der Weisheit, und Vishnu, den Erhalter des Lebens und des Universums.

Immer wieder gelang es dem Hinduismus, Einflüsse von konkurrierenden Glaubensrichtungen aufzunehmen und sich den wandelnden Zeitläuften anzupassen. Nepal mit seinem vielfältigen Götterpantheon und den friedlich nebeneinander existierenden religiösen Strömungen liefert dafür das beste Beispiel. In der vedischen Periode noch eine kleine Gottheit, wird Vishnu in dem großen indischen Epos Ramayana bereits als Prinz Rama verehrt. Neben Rama und Krishna zählt auch Siddharta Gautama, der historische Buddha, zu den zehn Inkarnationen Vishnus.

Der Hinduismus ist eine mythologische Religion ohne Stifter und ohne einen unveränderlichen Glaubenskanon, bei der sich die religiösen Vorstellungen der Einwanderer aus Zentralasien mit der in der Indusebene üblichen Verehrung von Naturkräften, Fruchtbarkeit und Muttergottheiten vermischten. Als Synthese entwickelten sich die von den meisten Hindus anerkannten alten Schriften, die Heiligen Veden, und die gesellschaftliche Gliederung in einem Kastensystem, das jedem Menschen eine feste Position in der sozialen Hierarchie zuweist und seine Berufs- wie Partnerwahl bestimmt. Obwohl Mahatma Gandhi den gewaltlosen Kampf gegen die Unterdrückung der »niedrig geborenen Hindus« aufnahm, die Unberührbaren sogar »Kinder Gottes« nannte, blieb dieses Kastensystem ein wesentlicher Bestandteil der hinduistischen Religion. Eng damit verknüpft ist der Glaube an die Wiedergeburt und an den Wesenskreislauf (»samsara«), nach dem alle Lebewesen letztlich nichts anderes sind als geistige Seelen (Atman), die durch ihr Karma in immer neuen Lebensformen wieder geboren werden. Karma steht für das Prinzip von Ursache und Wirkung: Schlechte Taten führen zu einem schlechten Karma und damit zu einer niedrigen Wiedergeburt, gute Taten und die Verehrung der Götter beeinflussen das Karma positiv und führen zu einer höheren Wiedergeburt. Das höchste Ziel eines gläubigen Hindus ist es, diesen Kreislauf zu durchbrechen und mit der Weltenseele (Brahman) zu verschmelzen. Selbstlosigkeit, meditative Einsicht in die Wirklichkeit des menschlichen Daseins und rituelle Verehrung des Göttlichen gelten als wichtige Schritte auf dem Weg, dieses Ziel zu erreichen. »Dein Reich ist Hoffnung, dein Weg ist Liebe. Dein Ziel ist das Licht«, schreibt Swarupananda, ein westlicher Yogi, der sich intensiv mit indischer Mystik beschäftigt hat. Für die Gegenwart Nepals ist das eine große Herausforderung. Swarupananda verweist auch auf ein altes Ideal in denHeiligen Veden, nach dem für alle Menschen mit Ausnahme der Sadhus, die den Kreislauf des Samsara beenden, vier Lebensstadien gelten. Diese vier Abschnitte, Aschramas, die das Leben eines Hindus prägen, beginnen mit dem Brahmacharya – dem enthaltsamen Studentenstadium, in dem Jugendlichen die Beherrschung des Leibes, der Sinne und Gedanken abverlangt wird. In der zweiten Phase, dem Grihasta, muss er sich als Ehemann und Hausvater beweisen, um im dritten Stadium, Vanaprastha, über den Sinn des Lebens nachzudenken. Das letzte freiwillige Aschrama, Sannyasa, erfordert ein Sannyasin zu werden, der durch Meditation, Yoga und Askese den Weg der Erlösung geht: »Om tat sat!« – »Alles Leben ist göttlich!«

Oben: Ganesha, Elefantengott und Sohn Shivas. *Rechte Seite:* Morgenpuja am Bhaktapur-Sagar.

»Gott ist Wahrheit und Liebe. Gott ist Ethik und Moralität. Gott ist die Quelle von Licht und Leben, doch er ist über all dem und jenseits all dessen. Gott ist Gewissen.« *Mahatma Gandhi*

Schon im Kindesalter wird der Götterpantheon verinnerlicht.

Kathmandus Straßen sind übersät mit unscheinbaren Schreinen. Der Chhetra Pal in Patan steht für den Hausschützer Bhairab und als Altar für die verstorbenen Bewohner des Stadtviertels.

»Es ist nicht vernünftig zu meinen, es gebe keine vergangenen und zukünftigen Leben, nur weil man sie nicht gesehen hat.« *Mahatma Gandhi*

Dem Tod ins Gesicht sehen: Leichenverbrennungen gehören zum Alltag in Pashupatinath.

»Selig ist, wer ohne Hass lebt,
obwohl Hass und Lieblosigkeit ringsumher walten.
Selig ist, wer ohne Verblendung ist,
obwohl die Welt verblendet dahinsiecht.
Selig ist, wer frei atmen kann,
weil er das nimmersatte Raffen aufgegeben hat,
obwohl die Welt voller Gier sich selber frisst.
Selig ist, wer die Armut gewählt hat,
denn ihn durchströmt beseligend-göttliche Heiterkeit.«
Buddha Shakyamuni

Buddhismus – Weisheit und Mitgefühl

Der Buddha, dessen Augen aus tiefer Versenkung von der großen Stupa in Bodnath herunterblicken, wurde vor 2500 Jahren in Lumbini im heutigen Nepal geboren. Dem Luxus seines Lebens als Prinz Gautama entsagend, ging er in die Einsamkeit, um den Grund für seine Unzufriedenheit, für das Leiden von Alter, Krankheit und Tod und seine Ursachen zu erforschen. Er erlangte, nachdem er es mit Askese nicht geschafft hatte, durch ausdauernde Meditation Erleuchtung unter dem berühmten Bodhibaum.

Seitdem sind die »Vier Edlen Wahrheiten« vom Leiden, seinem Ursprung, seiner Überwindung und dem Weg dahin Eckpunkt der buddhistischen Lehre. So wie der Buddha kann jedes fühlende Wesen letztendliches Glück erfahren, denn in allen ist Buddhanatur: das Potenzial, aus Gier, Hass und Unwissenheit zu erwachen. Diese drei Geistesgifte halten uns fest im ewigen Kreislauf von Geburt, Alter, Tod und Wiedergeburt, aber es gibt drei Wege des Erwachens: das Kleine Fahrzeug (Hinayana) und das Große Fahrzeug (Mahayana), zu dem im tibethischen Buddhismus, dem wir in Nepal begegnen, auch noch das Diamantene Fahrzeug (Vajrayana) gehört.

Hinayana meint: Wir halten unser Selbst für substanziell und dauerhaft, stellen bei näherer Betrachtung aber fest, dass es letztlich leer ist von inhärenter Existenz. Dieser Illusion zu entsagen und niemand anderem zu schaden, steht für den Weg ins Nirvana.

Im Mahayana bemühen wir uns mehr noch um die Erkenntnis der Leerheit auch der Dinge, versuchen anderen zu nützen und streben nach vollständiger Erleuchtung jenseits von Samsara und Nirvana. Es ist der Mittlere Weg, die so genannten »Zwei Wahrheiten« zu erkennen: Die Dinge sind absolut gesehen leer und gleichzeitig, relativ gesehen sind sie existent. Wir erkennen die Weisheit, dass Veränderung nur deshalb möglich ist, weil die Dinge vergänglich sind. Wir übernehmen Verantwortung für unser Handeln, sprich für unser Karma. Mitgefühl – Bodhicitta – erwacht für diejenigen, die gefangen sind in Unwissenheit. Weisheit und Mitgefühl machen den Bodhisattva aus, das Erleuchtungswesen, das zum Wohle anderer Befreiung aus dem Daseinskreislauf sucht.

Am schnellsten führt das Vajrayana zum Ziel: In der Erkenntnis, dass die Wirklichkeit einzig die Vorstellung des verblendeten Geistes ist, werden spezielle Meditationsmethoden benutzt, die zur Erleuchtung führen. Diese Methoden sind in den Texten des Tantra überliefert, seit Padmasambhava den Buddhismus im achten Jahrhundert bis nach Tibet brachte. Unterschiedlich in den vier Schulen des Vajrayana, haben sie alle das gleiche Ziel: das Erlangen der vollkommenen Buddhaschaft zum Wohle aller Wesen.

Die Nyingma-Schule, auch Rotmützenschule genannt, greift dabei auf die ältesten Übersetzungen der ursprünglich in Sanskrit verfassten Texte aus der Zeit Padmasambhavas zurück. Zu der 200 Jahre jüngeren Übersetzungsschule gehören die übrigen drei: die Kagyü-Schule mit ihrem bekanntesten Schüler Milarepa und dem Karmapa als Oberhaupt; die Sakya-Schule, der wir auf unserer Pilgerreise in Lo-Mantang begegnen werden, und die im 14. Jahrhundert von Tsongkhapa reformierte Gelugpa- oder Gelbmützen-Schule mit dem Dalai Lama als ihrem berühmtesten Vertreter, der zugleich das Oberhaupt aller vier tibetisch-buddhistischen Schulen ist.

Oben: Swayambhunath-Stupa, Heiligtum des Adibuddha.
Rechte Seite: Novizen am Bodnath-Stupa.

Das Licht der Erkenntnis und der Erleuchtung, des Anfangs und des Endes:
Weit pilgerte der Tibeter Tashi Dorje, um die Klöster von Bodnath besuchen zu können.

Losar, tibetisches neues Jahr, auf dem Bodnath-Stupa: Der tiefe Ton der Randongs erklingt,
der »Alphörner« des Himalayas – ein Symbol der Unendlichkeit des Kosmos.

Der gewöhnliche Geist in seiner Unwissenheit hält am illusionären Selbst fest. In der Mandala-Meditation des tantrischen Buddhismus wird der Weisheitsgeist angesprochen und zur Erkenntnis von der Leerheit des Selbst und der Dinge sowie zum Verstehen der gegenseitigen Abhängigkeit aller Wesen und Erscheinungen geführt. Dazu visualisiert der Meditierende das Mandala zugleich als Kosmogramm des Universums, als Psychogramm seines Selbst und als Palast einer Gottheit und identifiziert sich mit dessen erleuchteten Qualitäten.

Hier ist es Manjushri, der Buddha der Weisheit, in seiner zornvollen Form Yamantaka. Ein Mandala zu streuen dauert ca. eine Woche, nach der Fertigstelllung wird es bei einer Puja zerstört und der Sand wieder einem Fluss übergeben. Ein Sinnbild ewiger Veränderung.

»Einer der Hauptgründe, warum wir so viel Angst haben, uns dem Tod zu stellen, liegt darin, dass wir die Wahrheit der Vergänglichkeit ignorieren. Für uns ist Wandel gleichbedeutend mit Verlust und Leid. Und wenn sich Veränderung einstellt, versuchen wir, uns so gut wie möglich zu betäuben. Stur und ohne nachzufragen halten wir an der Annahme fest, dass Dauerhaftigkeit Sicherheit verleiht, Vergänglichkeit hingegen nicht.« *Sogyal Rinpoche*

Das Lebensrad stellt die Vier Edlen Wahrheiten dar: Vogel, Schlange und Schwein in der Mitte symbolisieren Gier, Hass und Unwissenheit. Unseren vergangenen Handlungen, Karma, entsprechend erfahren wir die emotionalen Zustände der sechs Welten – Götter und Halbgötter, Menschen, Tiere, Hungergeister und Höllenwesen –, in denen der Mensch wieder geboren werden kann. Der äußere Ring zeigt die zwölf Glieder bedingten Entstehens, die durch ihre Abfolge von Ursache und Wirkung die Illusion eines Selbst vortäuschen.

Nur als Mensch haben wir die Möglichkeit, uns aus diesem Kreislauf der ewigen Wiederkehr von Leben – Tod – und Wiedergeburt zu befreien.

»Alles in allem wäre es auch nicht überraschender, zweimal geboren zu werden, als es das eine Mal schon ist.« *Voltaire*

»Wenn du dein vergangenes Leben kennen lernen willst, schau deine gegenwärtige Lage an; wenn du dein zukünftiges Leben erkennen willst, schau deine gegenwärtigen Handlungen an.« *Padmasambhava*

»Wer von sich selbst behauptet, ein Guru zu sein, ist von niederer Gesinnung. Betrachte die Waage: Die leichte Schale hebt sich. Wer selbst hoch ist, ist leicht.«
Ramakrishna

Janakpur – Fremdes indisches Nepal

Ankunft in Kathmandu. Im Reisegepäck: 300 Filme, 38 Kilogramm Kameraausrüstung und die Vision einer Begegnung der »besonderen Art«. Zwei Tagesreisen später erreiche ich Janakpur, den geheiligten hinduistischen Pilgerort im Terai. Erbarmungslos treibt das feuchtheiße Klima des Dschungels den Schweiß aus allen Poren. Taxi? Gibt es nicht. Dafür freut sich ein Rikschafahrer, der mich in das 18 Kilometer entfernte Dorf Santabar bringen soll, über 300 Rupies. Zwei Kilometer später bereut er allerdings schon den Handel …

Santabar ist der Geburtsort meines Freundes Muni-Baba, ein heiliger Asket und Sadhu. Idyllisch schmiegt sich das kleine Dorf in die pflanzengrüne Landschaft ein. Moschusochsen, Reisfelder, Bambushaine. Kinder verkünden laut rufend meine Ankunft, führen mich lachend zu Munis steinerner Hütte. Indisch aussehende Frauen in blumenfarbenen Saris huschen schüchtern über den staubigen Boden. Sie sind die Künstlerinnen des Terai, wenn sie naiv wirkende Maithila-Malereien an den Lehmhäusern anbringen.

Pfeifend hebt der Sadhu die rechte Hand zum Gruß. Vor fünfzehn Jahren hat er ein Schweigegelübde abgelegt, um seinen Bruch mit allen gesellschaftlichen Bindungen zu unterstreichen. Zum Schwur dieser heiligen Asketen gehört es, dass sie ihre Familie verlassen, den Beruf und alle weltlichen Besitztümer aufgeben. Und nur noch als Bettelmönche leben.

Rote Farbe leuchtet in Muni-Babas ledernem Gesicht. Meterlange Haare zieren sein Haupt, ganz nach seinem Vorbild Shiva. Doch in den Straßen Janakpurs wohnen Sita und Rama, die Inkarnationen von Lakshmi und Vishnu: Auf den Spuren der Gottheiten landen wir auf dem Dach der einzigen Eisenbahn Nepals mit ihrer tapfer prustenden Dampflok: fünfzehn Kilometer, eine Stunde.

Tausende von Mitreisenden teilen sich den Innenraum und das Dach der Waggons. Wie ein Palast aus Rajasthan erhebt sich der Janaki-Mandir auf einer leichten Anhöhe: Der – der Göttin Sita geweihte – Tempel ist das größte Heiligtum Janakpurs. Im Ramayana-Epos werden die in Janakpur Geborene und ihr Mann als das Ideal eines hinduistischen Ehepaars verherrlicht.

Ungezählte Tempel und Badetanks, es wimmelt von Pilgern und Sadhus: eine friedliche Atmosphäre, auch wenn das Gedränge immer dichter wird.

Gesänge hallen durch die engen Gassen, Frauen tragen geschmückte Wasserkübel auf dem Kopf, angeführt von einem Hochzeitswagen des göttlichen Paares. Muni-Babas Augen leuchten. Sie verraten die Vorfreude auf die kommenden Tage im Tal von Kathmandu, auf ein besonderes Ereignis: Shivaratri, das heilige Fest der Sadhus zur Neumondnacht in Pashupatinath! Ehrfürchtig verabschiedet sich mein Freund von den anwesenden Gurus. Sein schriller Pfiff ersetzt den Gruß der heiligen Männer: »Sita Ram!«

Oben: »Sita Ram«, Begegnung mit Muni-Baba im Terai.

Gedränge am einzigen Zug Nepals: Die kleine, schwarz qualmende Diesellok fährt täglich von der Stadt Janakpur Mensch und Tier über die Grenze bis nach Indien. Tickets für die vierte Klasse sichern einen luftigen Platz auf dem Waggondach.

Den Haushalt geschultert: Ausdauer und Kraft sind vonnöten für die 90 Kilometer lange Parikrama um Janakpur. Das Umrunden der heiligen Stadt verspricht spirituelles Heil und die Reinigung von Sünden.

RUGBY
WORLD

Rot, orange, ocker: In Janakpur leuchten die Farben der aufgehenden Sonne, des flackernden Feuers und der lebensspendenden Erde.

Linke Seite: Wundersame Architektur erhebt sich über dem Hauptplatz Janakpurs. Der – der Göttin Sita geweihte – Janaki-Tempel ist das wichtigste Heiligtum des Ortes.

»So lautet das Geheimnis: Yoga kann niemals stattfinden – ganz gleich, welches der Weg zur Innewerdung Gottes ist, solange nicht der Geist vollkommen gestillt ist. Denn dieser steht unter der beständigen Kontrolle der Yogi, und nicht dieser unter der Kontrolle des Geistes.«

Ramakrishna

Pashupatinath – Heimat der Sadhus und Asketen

Morgendämmerung in Pashupatinath. Heilige Kühe und streunende Hunde streifen scheinbar planlos durch die Gassen. Die heilige Tempelanlage erscheint im Glanz des Sonnenaufgangs. Hindus eilen zur täglichen Morgenpuja. Muni-Baba führt mich in das Reich der Sadhus, der Yogis und Asketen.

Wo Shiva auf Buddha trifft

Eine Brücke überspannt den Bagmati, den heiligen Fluss Nepals. Am Surya Ghat, dem Ufer der Sonne, steigen Rauchschwaden in den wolkenlosen Himmel. Auf steinernen Plattformen werden die verstorbenen Hindus kremiert. Der älteste Sohn übergibt die Asche dem Fluss, der später in den Ganges mündet. Hier verbrannt zu werden gewährt die Erlösung aus dem endlosen Kreislauf der Wiedergeburten.

Golden leuchtet das Dach des heiligen Tempels. Pilger bahnen sich ihren Weg zu der zweistöckigen Pagode, in deren Hallen der Geist Shivas wohnt. Hier finden die Pilger das am meisten verehrte Heiligtum von Pashupatinath – ein Shivalingam, das phallische Symbol des Gottes. Aus seiner femininen Gegenform, einer Yoni, ragend, verkörpert er die Ganzheit des Hindu-Weltblicks, die Vereinigung der Polaritäten von weiblicher und männlicher Energie.

Vier Tore weisen den Eingang zum Tempelgebäude, ermöglichen einen kleinen Einblick in den Innenhof. Priester sprechen den heiligen Segen aus, murmeln Mantras. Pilger zelebrieren die Parikrama, die Umrundung der Götterstatuen. Ein gigantischer goldener Bulle bewacht das Hauptportal an der Westseite. Das Hinterteil des Nandis, Shivas Reittier, verhindert jeden weiteren Einblick, denn diese Schwelle dürfen nur Hindus überschreiten. So bleiben die größten Geheimnisse dieses spirituellen Ortes für Nichthindus verborgen.

Der Sadhu Hanuman-Baba in seiner Klause in Pashupatinath.

»Sita Ram!« Sanft berührt mich die Hand des Sadhus, die mich an die Wurzel eines Baumes erinnert. Tatsächlich: Es ist mein Freund Hanuman-Baba, der älteste Sadhu des Bezirks. Die Namensverwandschaft mit dem göttlichen Affengott Hanuman ist nicht zufällig: Der Held des Ramayana-Epos erhielt wegen seiner Verdienste als General den Segen für andauernde Jugend und ein langes Leben.

Auch Hanuman-Baba, 82 Jahre alt, strahlt Ruhe und Ausdauer aus. Regungslos sitzt er auf einem Gepardenfell. Der Dreizack, die Standarte Shivas, lehnt neben Hanumans Götterschrein. Zwei weiße Linien in U-Form zieren seine Stirn. Die strenge Gesichtsbemalung weist ihn als Schüler Vishnus aus. Weise blickt er mich an, scheint in meiner Seele zu lesen, als er mich einlädt, bei ihm Platz zu nehmen.

»Psst!« Muni-Babas geflüsterter Laut erregt meine Aufmerksamkeit. Fröhlich pfeifend stellt er mir seinen 62 Jahre alten Ziehvater, Mahabir-Baba, vor. Mit sanftem Blick mustert mich der gütige Mann …

Der Schein kleiner, roter Flammen tanzt auf Mahabirs nackter Haut. Das Feuer taucht seinen grauen Körper in ein warmes Licht. Immer wieder säubert der Asket die Glut mit der Chimta, seinem Feuerstab. Erst dann reibt sich Mahabir mit der heiligen Asche des Opferfeuers ein. Zehn weitere solcher Dhunis brennen in unmittelbarer Nähe. Eine ungewöhnliche Stimmung liegt in der Luft: Heute ist Shivaratri, eines der bedeutendsten Feste in Nepal. In der Nacht des Neumondes, im hinduistischen Monat Falgun, beginnen die heiligen Männer ihre Götter zu ehren. Die Tschillim Shivas wandert von Hand zu Hand. Tief inhalieren die Sadhus den Rauch der Haschischpfeife, verfallen in Trance, lösen sich von ihrem Körper. Es ist das mehrmals täglich zelebrierte Ritual: Dem rationalen Geist zu entsagen, überwindet die Hindernisse auf dem Weg zur spirituellen Erleuchtung.

Eine Gruppe hell gekleideter Sadhus formiert sich um eines der Feuer. Ihre weißen Umhänge implizieren Reinheit, oft getragen von den Anhängern der Vaishnava-Sekte. Die Männer kommen aus Indien, haben die Strapazen des weiten Weges auf sich genommen. In voll gestopften Bussen sind sie seit vier Tagen ununterbrochen auf der Reise.

Die wenigen weiblichen Sadhus, Sadhvis, halten sich bedeckt im Hintergrund. Außerhalb dieses umfriedeten Hofes bietet sich mir ein komplett neues Bild. Tausende von Pilgern laufen die Parikrama um die elf weißen Chaityas, in denen sich jeweils ein Schrein Shivas befindet. Fuß an Fuß schiebt sich eine schier endlose Menschenkette über die Brücke auf das Westufer des Bagmati-Flusses. Frauen, eingehüllt in schillernde, fein gewebte Stoffe, leuchten wie bunte Lichter aus der Masse heraus. Kinder versuchen die Wege durch waghalsige Kletteraktionen über die Tempelmauern abzukürzen. Wachsoldaten haben alle Mühe, den Überblick zu behalten.

Trommelschläge der Damaru holen mich in den Kreis der Sadhus zurück. Der dumpfe Klang einer Nag-Phani – das Kriegshorn Shivas – hallt an den Wänden der Hofmauern wieder. Oder war es die Shank, das Muschelhorn der Vishnuanhänger?

Wilde Gestalten, nur in Asche gekleidet, bewegen sich langsam im Rhythmus der Musik. Die Luft reizt zum Husten, ist grau gefärbt vom Rauch der Feuer. Ich werde Zeuge der rituellen Reinigung der Asketen. In der Hitze ihrer Opferflammen wollen sie ihr eigenes Karma verbrennen und so den Kreislauf der endlosen Wiedergeburten durchbrechen. Unbeweglich sitzen sie in meditativer Haltung, um den Geist heimzubringen, ihn zu zähmen. Scharf zeichnen sich die hellen Körper der Männer gegen ihre langen verfilzten Haare ab. Stundenlang verharren die Sadhus in der glühenden Mittagssonne in Yoga-Positionen, die dem Ungeübten körperliche Schmerzen bereiten. Damit beweisen sie Kontrolle über den vergänglichen Körper: In ihren Gesichtern ist keine Gefühlsregung sichtbar.

Stunden später: Gläubige bringen Essen, versorgen die heiligen Männer. Segnend teilen die älteren Sadhus die Spenden unter ihren Schülern aus. Als Gurus sind sie für die Jungen verantwortlich. Auch ich werde eingeladen, am Mahl teilzunehmen.

Augenblicke der Verständigung: Ruhig verfolgen mich Hanuman-Babas Augen, als ich ihm mein Anliegen vortrage, ihn bei seiner Pilgerreise durch West-Nepal zum Hinduheiligtum Muktinath begleiten zu dürfen. – Und tatsächlich, die Sterne stehen günstig: »Eye of Rudra!«, sagt Hanuman-Baba, schenkt mir eine Rudraksha und willigt ein. Der murmelgroße Samenkern, das dritte Auge Shivas, wird uns auf dem Weg schützen. Ein Licht funkelt in den Augen des alten Sadhus, als er mir segnend seine faltige Hand auf die Stirn legt. Mahabir und Muni werden uns begleiten.

»Du bist Atman! Du bist Brahman! Du hast dir selbst zu entsagen!
Du hast der Welt entsagt! Du wünscht hinfort nichts mehr für dich, denn dein Selbst …
… gehört dem Willen Gottes!
Du lebst von nun an im göttlichen Bewusstsein!«

Schwur der Sadhus

Weiß ist die Reinheit, rot das Feuer, gelb ist die Sonne: Anhänger der Vaishnava-Sekte würdigen ihren Gott mit aufwändigen Bemalungen. Zwei Linien in U-Form symbolisieren den Fußabtritt Ramas, eine rote Linie oder ein Punkt ist Sita.

Rot wie Opferblut: Das spirituelle, dritte Auge Shivas leuchtet auf der Stirn von Kapali-Das. Als »Reinkarnation« ihres Gottes bemalen die Yogi ihre Stirn mit waagerechten Streifen.

»Das Universum kann man nicht so erforschen, wie man sich selbst erforschen kann. Erkenne dich selbst, dann erkennst du das Universum.« *Mahatma Gandhi*

Der Guru muss seinen Schüler beschützen, ihn ernähren, unterrichten, ist Lehrer und Vater in einer Person. Der Schüler (Chela) muss seinem Lehrer ergeben dienen. Nach der Initiation werden sie selbst zu Gurus werden.

Der Guru Hanuman-Baba und seine Chelas Pulto-Das und Subo-Das.

Nur Rama, der Held des Ramayana-Epos, war in der Lage, den Bogen Shivas zu spannen – eine Tat, zu der kein Sterblicher fähig war. So erhielt er Sita als Gemahlin. Shiva, aus dessen aufgetürmtem Haarknoten der Ganges entspringt, thront auf seinem Sitz, dem heiligen Berg Kailash.

Rama Krishna-Das wird in Pashupatinath als Heiliger verehrt. Seit 20 Jahren ernährt sich der 70 Jahre alte Milk-Baba ausschließlich von Milch und Obst.

Nagas (Schlangen) werden als göttliche Wesen angesehen, als Zeichen von Wasser und Fruchtbarkeit. Nagar-Wanderstäbe sind unter Sadhus sehr begehrt, als Schlangenpaare (Nagar-Nagini) sieht man sie selten.

Rechte Seite: Der Schotte Yajanang-Dasa ist seit 25 Jahren als Krishna-Jünger auf Pilgerreise in Asien. Auch er trägt eine »Nagar«-Wurzelschlange um seinen Pilgerstab.

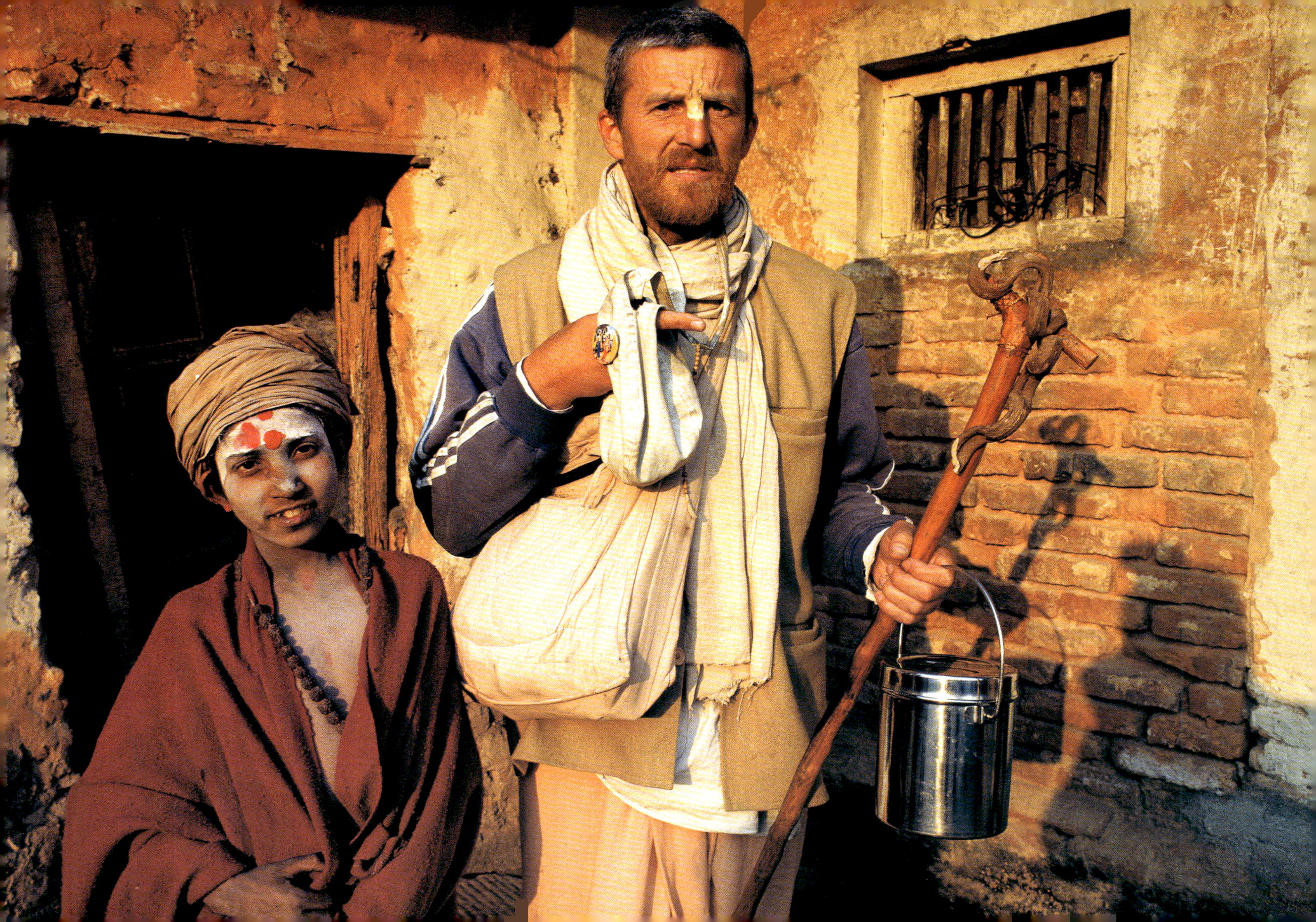

Extreme asketische Übungen oder Keuschheitsgürtel sollen helfen, sexuelle Triebe in spirituelle Energien umzuwandeln.

Rechte Seite: Der Trishul ist Shivas Standarte und Waffe.

Mit Blumen, Reis und Wasser wird der Lingam von Hindus als phallisches Symbol Shivas verehrt. Aus einer Yoni ragend ist er überall in Pashupatinath zu finden.

Rechte Seite: Der Sadhuschüler Magala-Das in einem der Chaityas am Surya Ghat.

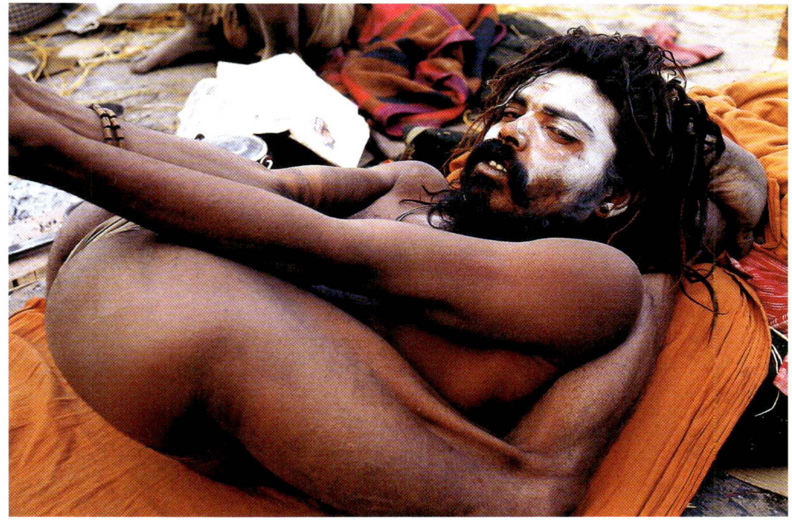

Beim Rauchen von Ganja und beim Praktizieren von Yoga löst der Shiva-Sadhu den Geist von seinem vergänglichen Körper. Die Beine hinter dem Kopf verschränkt und die Arme zusammengepresst, verharrt er in Gorbassni, der Embryonalstellung.

Feuer ist die Stätte der Weisheit und für Asketen zugleich Haus und Tempel.

»Reich wird man erst durch Dinge, die man nicht begehrt.« *Mahatma Gandhi*

Morgenstimmung am Shivaratri-Fest.

Von weit her aus Indien pilgerte die 62 Jahre alte Muka-Das-Mai mit ihrem Sohn Chandan-Das nach Pashupatinath.
Weibliche Sadhus (Sadhvis) sind gegenüber den Männern eindeutig in der Minderheit.

»Wer andere erkennt, ist gelehrt.
Wer sich selbst erkennt, ist weise.
Wer andere besiegt, hat Muskelkräfte.
Wer sich selbst besiegt, ist stark.
Laotse

Kali Gandaki – Pilgerreise durch die tiefste Schlucht der Welt

Träge schwingt die Hängebrücke unter unseren Füßen, verschwimmen die Berge schemenhaft im Morgendunst. Wir marschieren schweigend. Jeder hängt seinen Gedanken nach, riecht die gute Luft, atmet sie tief ein. Der 1600 Meter steile Abstieg vom Ghorepani-Pass in das Tal des Kali Gandaki steckt uns in den Beinen. Unser Ziel: Tatopani.

Während wir weiter absteigen, lasse ich meinen Gedanken freien Lauf. Gestern Abend schürte Muni-Baba mit seiner Feuerzange immer wieder die wärmende Glut im Lagerfeuer. Zuvor war der Lagerplatz sorgfältig von ihm ausgewählt worden: Stets müssen die Ruhestätten frisch und unberührt sein – Vorzeichen eines vergangenen Lagerfeuers wären ein unannehmbarer Makel. Auch bei den Essensvorbereitungen ist äußerste Reinlichkeit Pflicht. Am offenen Feuer sind die Sadhus wahre Meisterköche, das Ergebnis ist immer schmackhaft.

Leise knisterte das Feuer, warf bizarre Schatten auf die Felswände. Hanumans Mantras gaben mir den Schlaf tiefster Geborgenheit. Der Sonnenaufgang am Ghorepani-Pass war ein Rausch der Farben: Weiß hob sich der Schneegipfel des Dhaulagiri am azurblauen Himmel ab, feuerrot spielten die Blüten der Rhododendronbäume im Wind. Faszination Nepal.

»Tatopani!« Die Augen von Mahabir-Baba leuchten. Der Abstieg hat ein Ende gefunden. Erschöpft erreichen wir die heißen Quellen von Tatopani, springen lachend in die Wasserbecken, die diesen Ort berühmt gemacht haben. Wir legen einen Badetag ein. Mit Tatopani betreten wir auch einen der ältesten Handelswege Nepals. Seit Jahrhunderten zogen Maultier-, Yak- und Trägerkarawanen durch das Kali-Gandaki-Tal, wurde Salz aus Tibet gegen Reis aus Nepal getauscht. Das Volk der Thakali hatte ein Monopol darauf, aber seit der Besetzung Tibets durch China und der damit verbundenen Schließung der Grenzen im Jahr 1959 ist der Handel völlig zum Erliegen gekommen.

Eben noch im erfrischenden Bad, reibt sich Mahabir jetzt seinen Körper mit Asche ein, malt sich sorgfältig die Zeichen Vishnus auf die Stirn. Im Klang seines Muschelhorns folgen wir dem Flusslauf des Kali Gandaki. »Namaste«: Der Gruß der Pilger erfüllt den Hof des Shiva-Tempels von Dhana. Begrüßung und Abschied sind in Nepal eins: »Namaste – ich erkenne das göttliche Licht in dir.« Der Weg im Tal des Kali Gandaki ist gesäumt von Pilgerunterkünften. Kostenlos erhalten die Wanderer einen Schlafplatz, Tee und Essen, stärken sich für den folgenden Tag. In vier Nächten ist Vollmondfest in Muktinath. Hunderte von Pilgern teilen sich den Tempelhof mit uns: Sadhus aus Indien, Bauern aus dem Terai, reiche Geschäftsleute aus Kathmandu. Tief vergrabe ich mich in meinen Schlafsack, fühle mich warm und frei, lese im Schein meiner Taschenlampe Swarupanandas Worte: »Sei voll Hoffnung, sei kühn und fröhlich! Meditiere, verwirkliche und erkenne: Du warst von Anfang an frei und voll Glück!«

Kagbeni, auf 2800 Meter Höhe: Gebetsfahnen, Mani-Mauern, Chörten, die Aura des tibetischen Buddhismus. Der Kali Gandaki hat sich ausgebreitet. Ab hier weht mittags oft ein orkanstarker Wind, zieht die kühle tibetische Hochebene wie ein Staubsauger die warmen Luftmassen aus Indien an. Hanuman-Baba ist erschöpft. Auf seinen Trishul gestützt, folgt er mit den Augen dem endlosen Pfad hinauf nach Muktinath.

Oben: Mahabir-Baba.
Rechte Seite: Pilger auf dem Weg nach Muktinath.

Die heißen Quellen von Tatopani. Eine willkommene Rast zur Körperpflege. Hanuman-Baba trocknet seine Haare am heißen Stein.

Linke Seite: Rhododendronwälder am Ghorepani-Pass. Stolz prangt der majestätische Dhaulagiri (8167 m) am Horizont.

Bei zehn Tschillims am Tag vergisst der Sadhu seinen Muskelkater!

Muni-Baba reinigt das Lagerfeuer mit seiner Chimta, der Feuerzange.

»Durchschaut man die Nachteile des Seins im Kreislauf, verliert man Interesse an ihm, und damit entsteht der Wunsch nach Befreiung.« *14. Dalai Lama*

Zum Vollmondfest im Frühjahr strömen tausende von Pilgern das Kali-Gandaki-Tal hinauf nach Muktinath. Mit gemeinsamer Kraft versuchen Jung und Alt die »erlösende Quelle« zu erreichen. Das stärkende Dalbat darf dabei nicht fehlen.

Linke Seite: Große Pilgerfamilien, große Töpfe.

»Die Natur des Geistes bildet den Hintergrund für die Gesamtheit von Leben und Tod – wie der Himmel, der das ganze Universum hält.« *Sogyal Rinpoche*

Das breite Flussbett des Kali Gandaki bei Eklaibatti.

»Wie sieht die Natur des Geistes aus? Stellen Sie sich den Himmel vor: leer, weit und rein von Anbeginn – so ist Ihre Essenz. Stellen Sie sich die Sonne vor: strahlend, klar, ungehindert und unmittelbar präsent – so ist Ihre Natur.« *Sogyal Rinpoche*

Das West-Tal der Kali-Gandaki-Schlucht mit Dhaulagiri und Tukche Peak.

Die dünne Luft verlangsamt den langen und steilen Weg hinauf nach Muktinath.

Rechte Seite: Ein Blick zurück eröffnet dem Betrachter die Schönheiten der kleinen Bergoase Kagbeni.

Muktinath – wo Shiva auf Buddha trifft

»Was immer an Freude ist in der Welt,
entspricht dem Wunsch für das Glück aller anderen;
und was immer an Leiden ist in der Welt,
entspricht dem Wunsch nach nur eigenem Glück.«
Shantideva

»Muktikshetra!« Mit glänzenden Augen betreten Hanuman-, Mahabir- und Muni-Baba den Pappelhain von Muktinath. »Om Namah Shivaya«, ihr Shiva-Mantra durchflutet den Äther. Nach drei Wochen Wanderung sind sie am Ziel ihrer Pilgerreise angekommen: Muktikshetra, »Ort der Erlösung«.

Die Tibeter nennen ihn auch Chumig Ghyatsa, »den großen heiligen Ort der 108 Wasserquellen«. Denn das Durchschreiten der 108 Wasser speienden Kuhköpfe verspricht den Pilgern ein sakrales Bad der Reinigung, das Freiwaschen von negativem Karma und den Austritt aus dem ewigen Kreislauf der Wiedergeburten.

Vajrayana-Buddhisten erhoffen sich Bodhisattva-Tugend sogar schon nach einem Tag Aufenthalt. Zentraler Bestandteil der Badeanlage ist der Hindutempel Vishnu Mandir, in dem Vishnu und dessen achte Inkarnation, Bodhisattva Avalokiteshvara, verehrt werden. An kaum einem anderen Ort erlebt man die Verschmelzung des hinduistischen und buddhistischen Götterpantheons eindringlicher als hier in Muktinath.

Nur einen Steinwurf entfernt liegt die wesentliche Attraktion, das Nyingmapa Kloster »des heiligen Feuers«. Brahman soll hier vor über tausend Jahren zwei unvereinbare Elemente miteinander verbunden haben, indem er Feuer auf einer Quelle entzündete. Somit entstand ein einmaliger Ort der fünf Elemente, widerspiegelnd in den Gebetsfahnen, deren fünf verschiedene Farben Wasser (grün), Feuer (rot), Erde (gelb), Luft (blau) und Äther (weiß) symbolisieren. Im Zentrum der Fahnen steht das tibetische Glückssymbol des Windpferdes, umgeben von dem Text des Mantras der allumfassenden Liebe: »Ein(e) jede(r), geboren unter den zwölf Zeichen des Sternenhimmels, und ein(e) jede(r), mit ihnen in Beziehung stehend, mit ihnen verwandt oder verbunden: mögen alle ein langes Leben erfahren. Möge da immer eine heilsame Entwicklung sein, sowohl auf den Wegen der spirituellen Entwicklung als auch in den materiellen Lebensgrundlagen. Mögen alle eine authentische Gegenwärtigkeit leben, in Würde, ausgestattet mit glücklichen Umständen, und so ein Leben in Harmonie verbringen, in dem diese Wünsche sich erfüllen.«

Verheißungsvoller kann unser Abschied nicht sein. Segnend legen mir die Sadhus ihre Hand auf die Stirn. »Sita Ram«: Dankbarkeit durchflutet meine Seele.

Der Kali Gandaki ruft. Seinem Flusslauf folgend wandere ich ins Reich des Sakyapa-Buddhismus, folge dem Ruf des Königreichs Upper Mustang mit seiner sagenumwobenen Stadt Lo Mantang.

Oben: Der Tempel von Muktinath.
Rechte Seite: Tibetische Papier-Gebetsfahnen mit dem Windpferdmotiv.

»Wissen ist gehäufte Erfahrung, aber es ist kein Erleben, es verhindert im Gegenteil alles Erleben.« *Krishnamurti*

In der Gompa des heiligen Feuers kniet Hanuman-Baba andächtig vor der Öffnung der »ewigen Flamme« von Muktinath, bewacht von den Bodhisattvas Manjushri (Weisheit) und Avalokiteshvara (grenzenloses Mitgefühl).

»Im Namen Shivas, des Zerstörers allen Unwissens. Er ist der Vater der Liebe, Herrscher im Reiche der Götter!«
Om Namah Shivaya

Sadhu im Shiva Mandir in Muktinath. Segnend legt er seine Hand um den Schrein-Lingam, das Symbol Shivas.

Im reinigenden Bad der 108 Wasserspender versinken die Sadhus in Nepals Götterwelt. Sie sind am Ziel ihrer Pilgerreise angelangt.

»Wahrheit ist nicht das ›Seiende‹, aber die Erkenntnis des ›Seienden‹ öffnet das Tor zur Wahrheit.«
Krishnamurti

»Die Lehren sagen uns deutlich, was zu erkennen ist, aber trotzdem müssen wir uns höchstpersönlich auf die Reise machen, damit es unsere Erkenntnis wird. Auf dieser Reise mögen uns Leiden, Schwierigkeiten, Zweifel und Misstrauen begegnen. All diese Widrigkeiten aber werden zu unserem größten Lehrmeister. Denn nur durch sie werden wir demütig und lernen unsere Grenzen zu akzeptieren«. *Sogyal Rinpoche*

Begegnungen – im Land der Lopas

»Gawa Jogpa, Gawa Jogpa!« Müde blicke ich hinter mich »Gawa Jogpa!« Das Lachen einer Lopafrau löst meine Anspannung auf, lässt die heutigen Passüberquerungen vergessen. In ihren Händen zwei Saligrame, stumme Zeugen der Entstehungsgeschichte des Himalayas. Die pechschwarzen Versteinerungen der prähistorischen Meeresschnecken sollen einen Käufer finden. Buddhisten benennen sie nach ihrer Schlangengottheit Gawa Jogpa, Hindus sehen in ihnen das Antlitz Vishnus, Sadhus das dritte Auge Shivas.

Die Steine wechseln den Besitzer, Karma drängt zum Aufbruch. Mit schweren Beinen verlassen wir Tsarang, wollen am Abend noch Lo Mantang erreichen.

Vier Tage Wanderung im Land der Lopas liegen hinter uns. Karma hatte ich vor einer Woche im Hof der Kagbeni-Gompa kennen gelernt. Am Eingang des Dukhang, des Hauptgebetsraums, betrachtete ich die Wandmalerei des Lebensrads.

»Das ist Yama, der Richter der Toten.« Weich und bestimmt klang seine Stimme, während Karma fortfuhr: »Aber nicht er, sondern wir werden unser eigener Richter sein im Tod!« Seine wachen Augen drückten eine große Gelassenheit aus, als er sagte: »Ich heiße Karma Gyalgen und bin auf dem Weg nach Lo Mantang. Und du?«

Karma ist 27 Jahre alt und war Novize in dem Gelugpa-Kloster Kopan bei Bodnath gewesen. Als junger Mann verließ er seine Mönchsgemeinde. Er entschied sich für für einen »Mittleren Weg« und gründete eine Familie. Aber den Weg des Dharmas hatte er deshalb nicht verlassen, und der Wunsch nach spirituellem Wachstum führte ihn nun nach Lo Mantang: Er wollte das Teji-Fest in der Stadt Lo besuchen.

Wir hatten also ein gemeinsames Ziel: Ab Kagbeni betraten wir den Distrikt »Upper Mustang« – ein Sperrgebiet, für das eine Sondergenehmigung erforderlich ist. Hier beginnt das Königreich von Lo Mantang, das Reich der Menschen von Lo! Sie gehören ethnisch zu den Bhotia, den Tibetern.

Die Landschaft von Lo gleicht der tibetischen Hochebene. Endlose Weite, vereinzelte Oasen. Das kräftige Grün der Gerstenfelder steht im satten Kontrast zur ockerfarbenen Hochwüste. Mustang-Chörten säumen den Weg – einzigartig mit Sonnendach und den drei Sakyafarben graublau für Vajrapani, den Diamantträger; weiß für Avalokiteshvara, den Bodhisattva des Mitgefühls; rot für Manjushri, den Buddha der Weisheit. Tief unterhalb zieht der Kali Gandaki seine Wege.

Mühsam schleppen wir uns dem letzten Pass entgegen, und die Gegenwart holt mich ein. Die Zeit scheint still zu stehen, doch da tauchen auf einmal am Horizont die Silhouetten der ersten Gebetsfahnen des Lo-La auf, des Passes der Winde. Minuten später fallen wir uns in die Arme. Unser Blick fällt auf die »Ebene der Sehnsucht«: Weiß heben sich die Wehrmauern der Stadtburg Lo Mantang von den grünen Gerstenfeldern ab. Deutlich zu erkennen sind die roten Lehmbauten der rund 500 Jahre alten Sakyapa-Klöster Thubchen-, Jampa- und Chöde Lakhang.

Wir steigen ab in das Reich des tibetischen Sakya-Buddhismus. Wir durchschreiten die acht Meter dicken Burgmauern und rufen:

Largyalo – die Götter werden siegen!

Mein Begleiter Karma Gyalgen Sherpa.
Rechte Seite: Chörtenlandschaft in Tangbe.

Die landschaftlichen Kontraste Mustangs sind berauschend. Dazu gehören auch die frühgeschichtlichen Höhlen des Pyon-Khola-Tals oder die Sandsteinformationen bei Chusang (linke Seite).

»Wenn wir im täglichen Leben lächeln, friedfertig und glücklich sind, hilft das nicht bloß uns, sondern allen. Wenn wir wirklich wissen, was Leben heißt, können wir den Tag kaum besser als mit einem Lächeln beginnen, nicht wahr? Unser Lächeln bestärkt uns in der Bewusstheit und im Entschluss, in Frieden und Freude zu leben. Die Quelle eines wahren Lächelns ist ein erwachter Geist.« *Thich Nhat Hanh*

Der achtfache Stupa am Ortsausgang von Tangye, Sinnbild der acht wichtigsten Lebensstationen des Buddha und des Edlen Achtfachen Pfads: vollkommene Erkenntnis, vollkommener Entschluss, vollkommene Rede, vollkommenes Handeln, vollkommener Lebenserwerb, vollkommene Anstrengung, vollkommene Achtsamkeit und Sammlung.

In den drei Farben der Sakyapa-Chörten spiegelt sich die Trikaya-Lehre des Buddhismus wider: grau für den Geist, weiß für den Körper, rot für die Lehre Buddhas. Das Durchschreiten einer Tor-Chörte verinnerlicht die Buddha-Essenz.

Die »Mustang-Chörten« mit ihrem Regen und Schnee abhaltenden Schutzdach sind charakteristisch für die Sakyapa-Baukunst der Stupas von Lo.

POWE

»Die Definition von Mantra lautet: ›Das, was den Geist schützt.‹ Wenn Sie nervös, desorientiert oder emotional unstabil sind, kann das inspirierende Singen oder Rezitieren eines Mantras Ihren Zustand völlig verändern, indem es Energie und Atmosphäre des Geistes verwandelt.« *Sogyal Rinpoche*

Mani-Steine: Ausdruck tiefen Glaubens und hingebungsvoller Demut. Als Grundmotiv dient oft das Urmantra des tibetischen Buddhismus: »Om Mani Peme Hung« – »Om, Juwel im Lotus«, die Anrufungsformel des Bodhisattvas Avalokiteshvara.

Linke Seite: Padmasambhava soll in der Nähe des Ortes Ghemi die Gedärme eines Dämons in die längste Mani-Mauer des Himalayas verwandelt haben, deren Mani-Steine nicht aufgeschichtet, sondern sorgfältig eingezapft sind.

»Jedes Mal wenn uns die Verluste und Täuschungen des Lebens Vergänglichkeit lehren, bringen sie uns der Wahrheit ein Stück näher. Auch wenn Sie aus großer Höhe fallen, gibt es nur einen möglichen Landeplatz: den Boden, den Boden der Wahrheit. Und wenn Ihre Übung Ihnen ein gewisses Verständnis gebracht hat, dann ist das Fallen keine Katastrophe mehr, sondern es lässt Sie Ihre innere Zuflucht entdecken.« *Sogyal Rinpoche*

Zeugen der Vergänglichkeit: alternde Gebetszylinder und Tsatsas – Votivdarstellungen von Bodhisattvas oder Stupas. Hergestellt werden sie aus dem Lehm und der Asche von Verstorbenen.

Große Mönchsgemeinschaften, wie man sie von Tibet oder Ladakh kennt, findet man in Mustang nur noch hier in Tsarang und im Chöde Lakhang der Stadt Lo Mantang.

»Die Lehre des Buddhas ist,
dass ich mein eigener Meister bin
und alles von mir selbst abhängt.«
Der 14. Dalai Lama

Lo Mantang – Ebene der Sehnsucht

Tief hängen die Monsunwolken über Lo Mantang. Dankbar begrüßen die Lopas die ersten Regentropfen in diesem Jahr, während zugleich die letzten Sonnenstrahlen ihren Weg durch die pralle Wolkendecke finden: Die Bergkulisse Lo Mantangs verführt unsere Sinne. Im harten Kontrast heben sich die beleuchtete Wehrmauer und die hellen Bergketten vom lapislazuliblauen Gewitterhimmel ab, als eine Erscheinung die Menschen zum Verstummen bringt: Segnend legt sich ein gewaltiger Regenbogen über die Stadt.

»Ein Regenbogen ist für uns Buddhisten ein Glück verheißendes Symbol. Er ist wohltuend für das Auge und die Seele, viel versprechend für unsere Ernte und heilsam für alle fühlenden Wesen. Er erscheint an sehr besonderen Tagen, kündigt die Geburt eines Tulkus oder einer Reinkarnation an, oder, wie heute, den Festtag von Lo Mantang.«

Sanft spüre ich die Hand von Jigme Palbar Tandul auf meinen Schultern. »Lass uns gehen«, sagt er, »die Mönche werden nicht auf uns warten.« Als König ist er zwar nicht mehr der Herrscher über ein unabhängiges Königreich Mustang, aber er hat immer noch die Stellung eines Rajas und wird vom Volk geschätzt und verehrt.

Zweimal im Jahr zelebrieren die Mönche der Chöde Gompa das Teji-Fest. Heute, mitten im Juli, findet das zweite, kleinere Lama-Tanz-Festival statt. Es ist ein sich jährlich wiederholendes Ritual und ein ganz besonderer Tag für die Bewohner der Stadt Lo Mantang: Der Dämon Chhawk soll aus der Stadt getrieben und zerstört werden. Der Cho Lama, ein in Geheimritualen ausgebildeter Mönch des Chöde Klosters, versenkt sich hierfür meditativ in die Gestalt des Vajrapani. Rechts den Donnerkeil haltend, das Symbol der Unzerstörbarkeit und der Methode, betritt er in einem blauen Brokatgewand den Innenhof der Klosteranlage. Durchdringend laut lassen die Mönche die Randongs erklingen, und dumpf hallen die Trommelschläge in den Innenmauern der Gompa. Die Bewohner Lo Mantangs starren gespannt auf jede Bewegung des Cho Lamas. Vor ihm liegt die Furcht erregende Fratze des Dämons, geformt aus Butter und Tsampa. Geheime Mantras erfüllen den Äther. Entschlossen und mit fester Hand zerreißt der Lama mit seinem Donnerkeil die Gestalt des Chhawks in Stücke. Das Unheil ist gebannt. Aufatmen.

Die Sonne versinkt am Horizont. Buddhas Worte spiegeln sich im Glanz der Sakyafarben: »Besser als hundert Jahre zu leben, ohne die Vergänglichkeit zu sehen, ist ein einziger Tag des Erkennens, wie alle Dinge entstehen und vergehen.«

Der Dhammapada

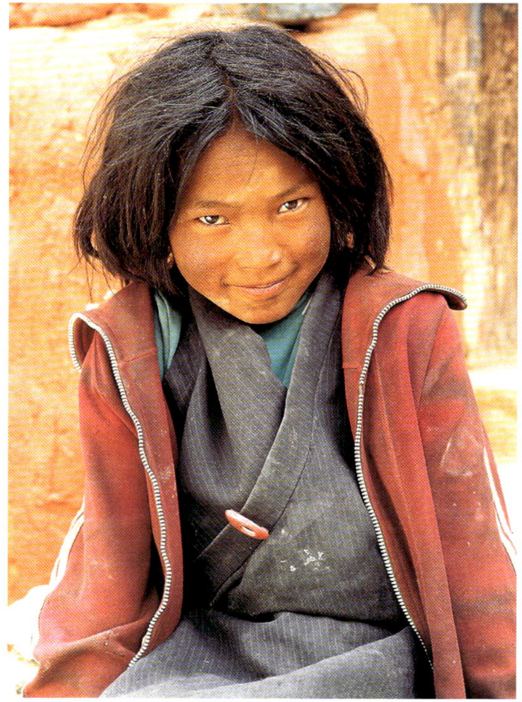

Jugend und Weisheit: Die kleine Dolma Pema.
Rechte Seite: Jigme Palbar Tandul, König von Mustang.

Der Eintritt in die Geschichte Lo Mantangs begann mit dem Gründer und König Amepal (um 1400). Sein großes Verdienst war es, den genialen tibetischen Sakya-Gelehrten und Schüler Tsong Khapas, Ngorchen Künga Zangpo, nach Mustang einzuladen. Seine spirituelle Energie spiegelt sich noch heute unverändert in der sakralen Architektur Lo Mantangs wider.

Rechte Seite: Form und Geist – die Schlichtheit alter Gebetszylinder in den Gassen von Lo.

Südlich des Maitreya-Tempels befindet sich der Thubchen Lakhang, »der Palast des großen siegreichen Buddhas Shakyamuni«. Im Eingangsbereich thronen die gewaltigen, über fünf Meter hohen Lokapalas, die Weltenhüter der vier Himmelsrichtungen. Sie sind die Schützer des heiligen Ortes des Dharma.

Jampa Gompa, der dreigeschossige Tempel Maitreyas, des Buddhas der Zukunft.
Kapitelle mit prachtvoll geschnitzten Mantras stützen die umlaufende Kolonnade.

Die Wandmalereien und die Innengestaltung des Thubchen Lakhang sind von unfassbarer Schönheit, nur vergleichbar mit Alchi in Ladakh und dem westtibetischen Tsaparang. Kostbare Farbpigmente, Lapislazuli und reines Gold verleihen den Wandgemälden ihre mehr als 500 Jahre überdauernde Leuchtkraft.

(Ich danke König Tandul für seine Güte, diese Bilder fotografieren zu dürfen, denn für die Gompas Lo Mantangs gilt ansonsten ein absolutes Kameraverbot.)

Die Statuen von Avalokiteshvara, des Buddhas Shakyamuni (tib. »Sha-kya Thub-pa«), Manjushri und Padmasambhava wachen in acht Meter Höhe an der Wand des Thubchen Lakhang.

»Unsere tiefsten Ängste sind wie Drachen, die unsere größten Schätze bewachen.« *Rainer Maria Rilke*

Drei Mara-Ruta-Beschützer bewachen die Zerstörung des Dämons Chhawk vor den Toren Lo Mantangs.

Teji-Fest im Chöde Lakhang. Im transzendenten Tanz und Klang der Handtrommeln beschwören die Mönche die Allgegenwärtigkeit von Vajrapani.

Wenn der Eisenvogel fliegt …

Kathmandu, Tribhuvan-Airport. »Die Flugzeit nach Frankfurt beträgt neun Stunden und 30 Minuten«: Sanft hebt der Airbus von der Startbahn ab. Minuten später ein letzter Blick auf Anapurna und Dhaulagiri. »Im Alltag muss unsere Seele weit und offen sein, wir Tibeter nennen das Rigpa – die Natur des Geistes«: Karmas Abschiedsworte klingen in mir nach. Wie oft sprach er davon, dass die Fähigkeit, im Frieden mit anderen Menschen und der Welt zu leben, weitgehend von der Fähigkeit abhinge, im Frieden mit sich selbst zu leben. Ich erinnere mich auch der Worte Gylong Urgen Palsang Rinpoches vom Nyingmapa-Kloster in Marpha: »Alles ist in Veränderung – nichts ist permanent. Das ist das einzige kosmische Gesetz, an das wir Tibeter glauben.« Wie wahr! Langsam und stetig treiben die Chinesen eine Straße vom Norden nach Lo Mantang. Lastwagenkolonnen werden jeglichen ersehnten Luxus in das einst so abgelegene, unwirtliche Land der Lopa bringen. Neue, für die Menschen aus Lo Mantang unbekannte Dämonen werden über das Land kommen. Ein Gefühl kultureller Minderwertigkeit wird sich ebenso rasch einstellen, wie ich es in Ladakh und Zanskar erleben musste. Fastfood und MTV heißen die neuen Götzen, Profitgier vergiftet das Denken. Die Dörfer und Gompas von Lo werden wie die Landstriche im benachbarten Dolpo verwaisen, und die Jugend auf der Suche nach dem schnellen Geld wird nach Kathmandu aufbrechen: Samsara der freien Marktwirtschaft. Aber auch wir haben daran unseren Anteil, transportieren diese Entwicklung auf unseren Fußsohlen in die Welt. Was hatte mir die 19 Jahre alte Nonne Ani Gurung aus Muktinath erst vor kurzem zugeflüstert? »Im nächsten Leben möchte ich am liebsten als ›Tourist‹ wieder geboren werden.« Ich lese in einem Buch von Sogyal Rinpoche: »Die moderne Industriegesellschaft ist eine fanatische Religion. Wir demolieren, vergiften und zerstören alle Lebenssysteme auf diesem Planeten. Wir zeichnen Schuldscheine, die unsere Kinder nicht werden einlösen können. Wir handeln, als seien wir die letzte Generation auf diesem Planeten. Ohne einen radikalen Wandel in unserem Herzen, in unserem Geist und in unseren Visionen wird die Erde enden wie die Venus: tot und verkohlt.« – »Noch etwas Tee?« Die Frage der Stewardess reißt mich aus meinen Gedanken. Wir rasen dem Westen entgegen. Hatte nicht Padmasambhava vor 1200 Jahren prophezeit, dass, »wenn der Eisenvogel fliegt und die Pferde auf Rädern rollen, die Tibeter wie Ameisen ihre Heimat verlassen müssen und die Herzen des Westens offen sein werden für den Buddhismus?«

Oben: Pilger in der Kali-Gandaki-Schlucht.
Linke Seite: Karma im Tserang-Lakhang.

Unser Gesamtverzeichnis finden Sie unter
www.bruckmann.de

Literatur und Quellenhinweise:

Sogyal Rinpoche, Das tibetische Buch vom Leben und vom Sterben, Bern/München/Wien 1994; ders., Funken der Erleuchtung Bern/München/Wien 1998; Stephanie Faber, Tibetisches Tagebuch, München 1996; Krishnamurti, Jenseits der Gewalt, Frankfurt/M. 1979; Der 14. Dalai Lama, Worte der Hinwendung, Freiburg 1993; Gautama Buddha, Worte der Stille, Freiburg 1994; Thich Nhat Hanh, Worte der Achtsamkeit, Freiburg 1997; Ramakrishna, Worte ewiger Harmonie, Freiburg 1998; Mahatma Ghandi, Worte des Friedens, Freiburg 1984; Ulrich Wiesner, Nepal, Köln 1997; Claus-Peter Bach, Mustang, Wiesbaden 1993; Michael Henss, Mustang, Ulm 1993; Swarupananda, Indien – Geheimnis und Mysterium, Winterthur 1995.

Informationen und Tourneeplan zur Dia-Show »Wo Shiva auf Buddha trifft« finden Sie unter: www.dieter-glogowski.de

Danksagung

Ich bedanke mich bei meinen Fotoassistenten Heidrun Buchmaier, Annette Jungmichel, Steffi Weitzel und Tobias Hauser für ihre loyale Unterstützung sowie bei Hannelore Wenderoth und Robert Fischer für die redaktionelle Betreuung. Meinem Freund Albrecht Haag gilt ein ganz besonderer Dank für die grafische Umsetzung dieses Buches, ebenso meinem nepalischen Guide Shiva Kumar Shrestha, der mir sein Land auf so liebevolle Weise näher gebracht hat, und meinem spirituellen Lehrer Sogyal Rinpoche, dessen Rat und Nähe mich stets begleitet haben.

Manfred Hell danke ich für seine Loyalität.

Für meine Mutter, Anke und alle meine Freunde.

Bildredaktion: Dieter Glogowski
Grundlayout: Albrecht Haag, Darmstadt
Layoutüberarbeitung: Wiebke Hengst
Umschlaggestaltung: Albrecht Haag
Übersichtskarte: Arne Rohweder
Herstellung: Bettina Schippel
Printed in Slovenia by MKT Print, Ljubljana.

Die Panoramaaufnahmen entstanden mit der Hasselblad XPan. Hasselblad XPAN

Bruckmann Verlag
Produktmanagement
Innsbrucker Ring 15
Postfach 80 02 40
D-81673 München
E-Mail: lektorat@bruckmann.de

Alle Fotos von Dieter Glogowski, außer S. 34 (Mani Lama, Kathmandu), S.134 (Nepa Map, Kathmandu)

Die Deutsche Bibliothek – CIP-Einheitsaufnahme:

Ein Titeldatensatz für diese Publikation ist bei der Deutschen Bibliothek erhältlich.

Verbesserte Nachauflage 2006

ISBN 3-7654-4387-5